EMG3-0138
合唱楽譜<J-POP>

J-POP
CHORUS PIECE

合唱で歌いたい！J-POPコーラスピース

混声3部合唱

め組のひと

作詞：麻生麗二　作曲：井上大輔　合唱編曲：辻 峰拓

••• 曲目解説 •••

　1983年にラッツ＆スターが発売した大ヒット曲で、2010年には倖田來未がカヴァーし話題になった楽曲です。また、2018年には動画共有コミュニティ、TikTokで早回しにした楽曲に合わせて、オリジナルの振り付け動画が次々と投稿されるなど、若い世代にも人気を博しました。キャッチーなメロディーにのせて、振り付けや「めッ！」の決めポーズの演出を加えながら歌える、盛り上がり度MAXな一曲です！

め組のひと

作詞:麻生麗二　作曲:井上大輔　合唱編曲:辻 峰拓

MEMO

め組のひと

作詞:麻生麗二

いなせだね　夏を連れて来た女(ひと)
渚まで　噂走るよ　めッ！

涼し気な　目もと　流し目　eye eye eye
粋な事件(こと)　起こりそうだぜ　めッ！

妖しい　Sweet Baby
め組のひとだね
お前のニュースで
ビーチは突然　パニック

Baby, baby, be my girl
夢中なのさ　be my girl
浮気な微笑みに　俺たち気もそぞろ

男たちの心　奪うたびにお前
綺麗になってくね・・・
夏の罪は素敵すぎる

いなせだね　夏を連れて来た女(ひと)
渚まで　噂走るよ　めッ！

涼し気な　目もと　流し目　eye eye eye
粋な事件(こと)　起こりそうだぜ　めッ！

小粋だね　髪に飾った花も
細い腰　あわせ揺れるよ　めッ！

ひと夏の　恋を引き込む　eye eye eye
気まぐれに　片目閉じるよ　めッ！

夏に繰り出した
め組のひとだね
今年はお前が
渚きってのアイドル

Baby, baby, be my girl
抱きしめたい　be my girl
お前が微笑めば　すべてが上の空

男たちの心　奪うたびにお前
綺麗になってくね・・・
夏の罪は素敵すぎる

いなせだね　夏を連れて来た女(ひと)
渚まで　噂走るよ　めッ！

涼し気な　目もと　流し目　eye eye eye
粋な事件(こと)　起こりそうだぜ　めッ！

MEMO

MEMO

エレヴァートミュージックエンターテイメントはウィンズスコアが
展開する「合唱楽譜・器楽系楽譜」を中心とした専門レーベルです。

ご注文について

エレヴァートミュージックエンターテイメントの商品は全国の楽器店、ならびに書店にてお求めになれますが、店頭でのご購入が困難な場合、下記PC&モバイルサイト・FAX・電話からのご注文で、直接ご購入が可能です。

◎PCサイト&モバイルサイトでのご注文方法

http://elevato-music.com

上記のアドレスへアクセスし、WEBショップにてご注文ください。

◎FAXでのご注文方法

FAX.03-6809-0594

24時間、ご注文を承ります。上記PCサイトよりFAXご注文用紙をダウンロードし、印刷、ご記入の上ご送信ください。

◎お電話でのご注文方法

TEL.0120-713-771

営業時間内に電話いただければ、電話にてご注文を承ります。

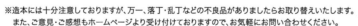

※この出版物の全部または一部を権利者に無断で複製(コピー)することは、著作権の侵害にあたり、著作権法により罰せられます。

※造本には十分注意しておりますが、万一、落丁・乱丁などの不良品がありましたらお取り替えいたします。また、ご意見・ご感想もホームページより受け付けておりますので、お気軽にお問い合わせください。